Impressum
Verlag: BABADADA GmbH, Nedderfeld 112 , 22529 Hamburg
Geschäftsführer / Verlagsleitung: Harald Hof
Druck: Books on Demand GmbH, In de Tarpen 42, 22848 Norderstedt

Imprint
Publisher: BABADADA GmbH, Nedderfeld 112 , 22529 Hamburg, Germany
Managing Director / Publishing direction: Harald Hof
Print: Books on Demand GmbH, In de Tarpen 42, 22848 Norderstedt

el colegio
baruumsaa

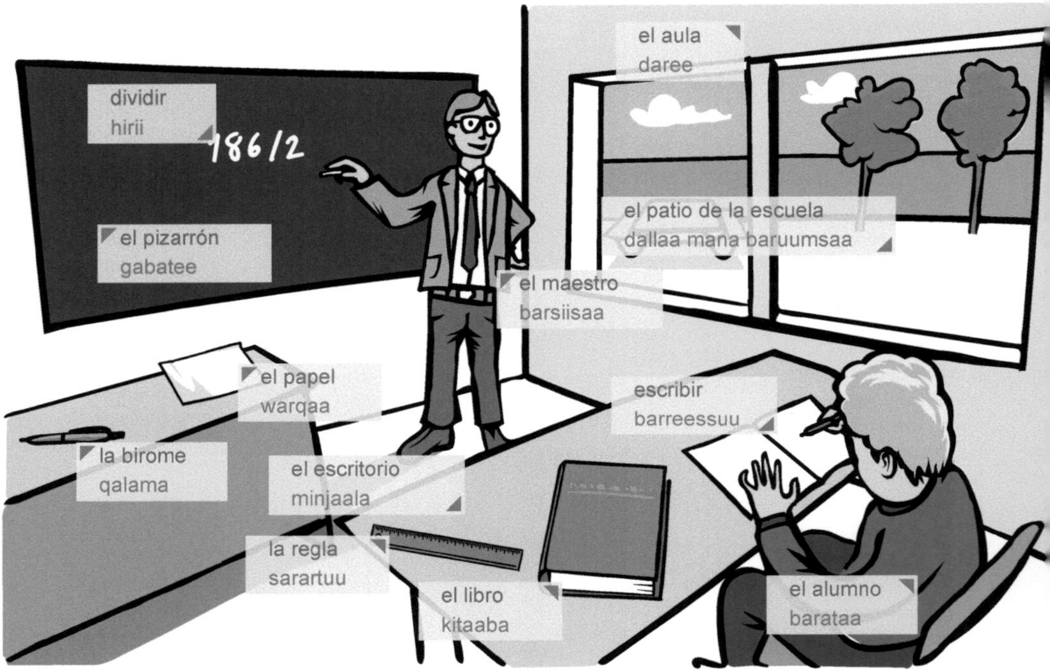

el aula
daree
dividir
hirii
186/2
el pizarrón
gabatee
el patio de la escuela
dallaa mana baruumsaa
el maestro
barsiisaa
el papel
warqaa
escribir
barreessuu
la birome
qalama
el escritorio
minjaala
la regla
sarartuu
el libro
kitaaba
el alumno
barataa

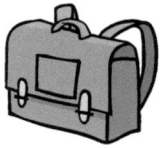

la mochila

korojoo baattamu

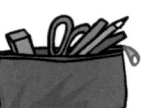

la caja de lápices

teessoo irsaasii

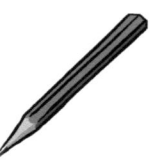

el lápiz

irsaasii

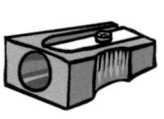

el sacapuntas

qartuu irsaasii

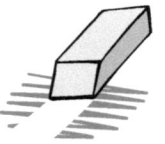

la goma (de borrar)

haqxuu

el bloc de dibujo

paadii fakkii

el dibujo
....
fakkii

el pincel
....
burusha halluu

la caja de pinturas
....
saanduqa halluu

la tijera
....
maqasa

el pegamento
....
maxxansituu

el cuaderno de ejercicios
....
daftara

la tarea
....
hojii manaa

el número
....
lakkoofsa

2+2

sumar
....
ida'ii

5-2

restar
....
hir;isi

2×2

multiplicar
....
bay;isi

calcular
....
heerregii

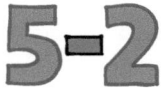

la letra
....
xalayaa

ABCDEFG
HIJKLMN
OPQRSTU
VWXYZ

el abecedario
....
tarree qubee

la palabra
....
jecha

el texto

kitaaba barataa

leer

dubbisuu

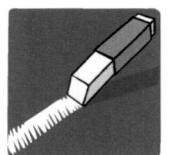

la tiza

biroonkii

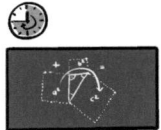

la lección

baruumsa

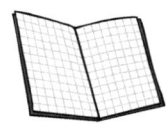

el cuaderno de clase

galmeessuu

el examen

qormaata

el certificado

raga barreeffamaa

el uniforme escolar

uffata mana baruumsaa

la educación

barnoota

la enciclopedia

insaaykiloopeediyaa

la universidad

yuunivarstii

el microscopio

maaykiroos kooppii

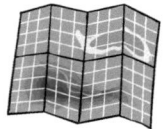

el mapa

kaartaa

el tacho (de basura)

qircaata gatoo

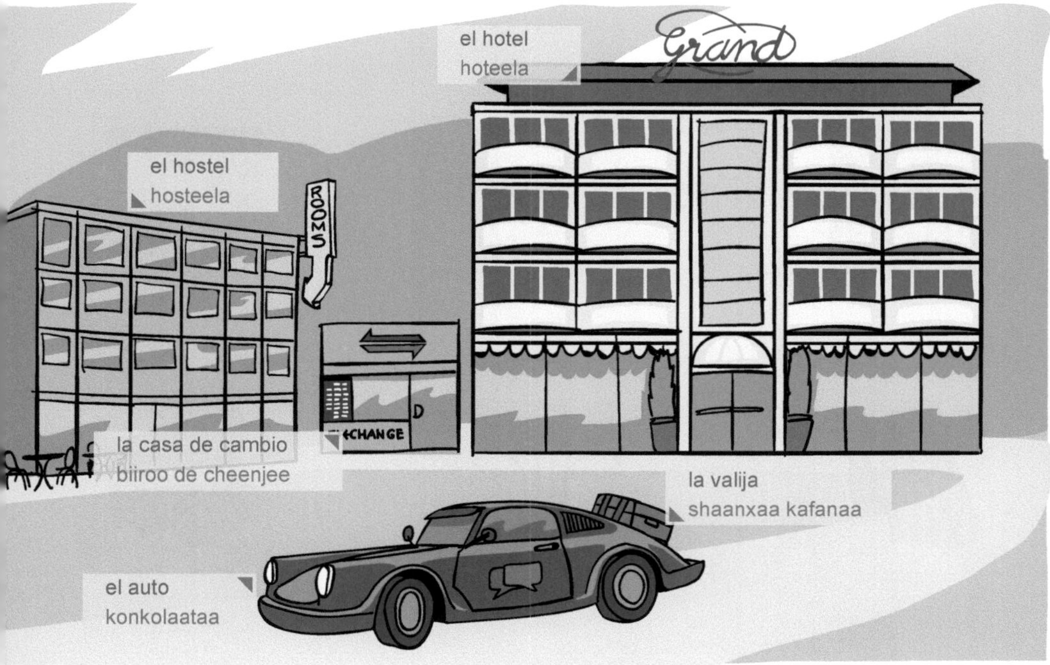

el hotel
hoteela
Grand
el hostel
hosteela
ROOMS
EXCHANGE
la casa de cambio
biiroo de cheenjee
la valija
shaanxaa kafanaa
el auto
konkolaataa

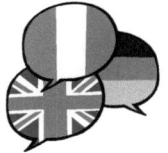

el idioma

afaan

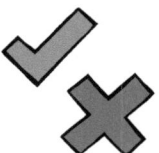

sí / no

eyyeen / mitii

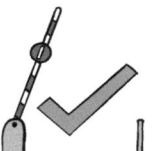

Está bien

haa ta'u

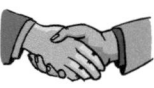

hola

heloo

el traductor

turjmaana

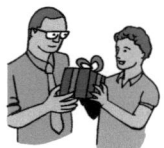

Gracias

galatoomaa

¿cuánto cuesta…?

meeqa

No entiendo

naaf hingalle

el problema

rakkoo

¡Buenas tardes!

akkam ooltan

¡Buenos días!

akkam bultan?

¡Buenas noches!

halkan gaarii

el adiós

nagaatti nagaatti

la dirección

kallattii

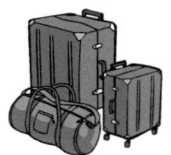

el equipaje

ba'aa imalaa

el bolso

korojoo

la mochila

ba'aa dugdaa

el invitado

keessummaas

la habitación

kutaa

la bolsa de dormir

korojoo hirriibaa

la carpa

dukkaana

la información turística

odeeffannoo turistii

la playa

qarqara haroo

la tarjeta de crédito

kireedit kaardii

el desayuno

ciree

el almuerzo

laaqana

la cena

irbaata

el pasaje

tikkeetii

el ascensor

liiftii

el sello

chaappaa

la frontera

daangaa

la aduana

barmaatilee

la embajada

embaasii

la visa

viizaa

el pasaporte

paasspoortii

el viaje - imala

el transporte

geejiba

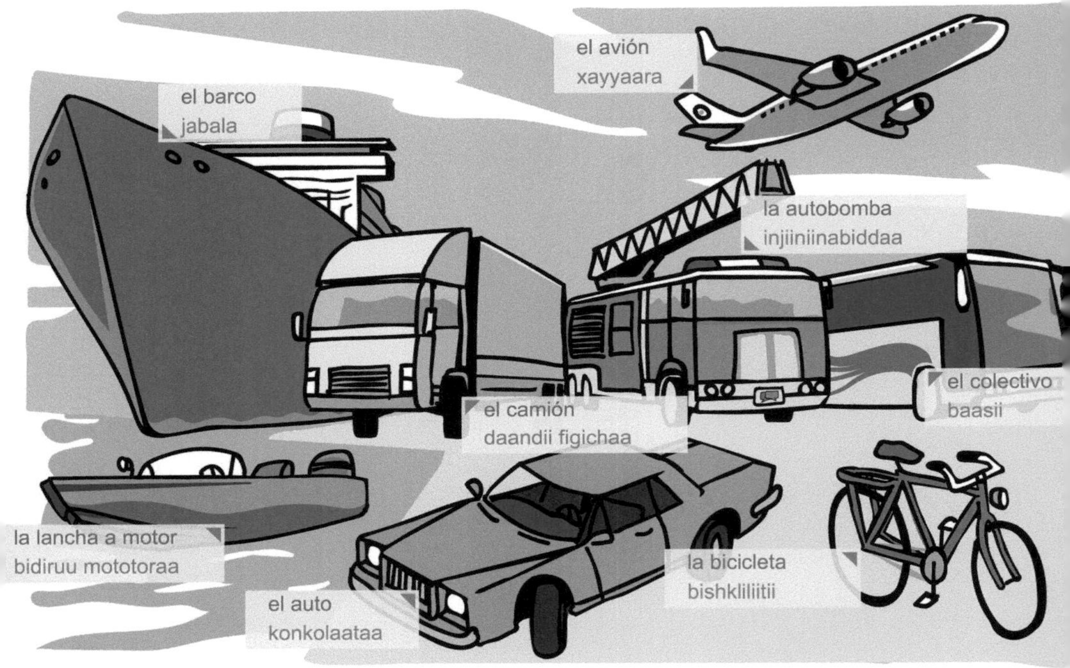
el avión
xayyaara
el barco
jabala
la autobomba
injiiniinabiddaa
el colectivo
baasii
el camión
daandii figichaa
la lancha a motor
bidiruu mototoraa
la bicicleta
bishkliliitii
el auto
konkolaataa

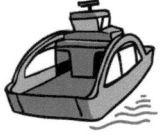

el ferry

bidiruu deeddebii

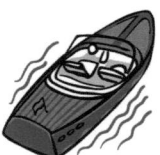

el bote

bidiruu

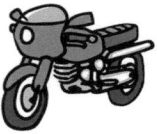

la moto

doqdoqqee

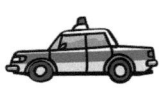

el patrullero

konkolaataa foolisaa

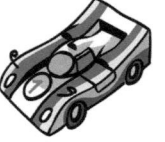

el auto de carreras

konkolaataa dorgommii

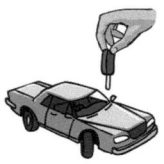

el auto de alquiler

konkolaataa kiraa

el alquiler de autos

konkolataa waliin gahuu

la grúa

marsaa boqqoonna

el camión de la basura

daandii dhorkaa

el motor

motora

la nafta

boba'aa

la estación de servicio

buufata boba'aa

la señal de tránsito

mallattoo tiraafikaa

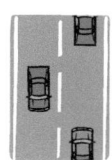

el tránsito

tiraafika

el embotellamiento

cuccufaa daandii
konkolaataa

el estacionamiento

dhaabbii konkolaataa

la estación de tren

buufata baburaa

las vías

konkolaataa guddaa

el tren

baabura

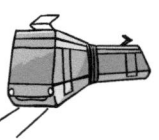

el tranvía

baabura eleektirikaa

el vagón

gaarii fardaa

el helicóptero

helikooftara

el aeropuerto

buufata xayyaaraa

la torre

qooxii

el pasajero

keessummaa

el contenedor

konteenara

la caja de cartón

kaartunii

la carretilla

gaarii

la canasta

qirccaata

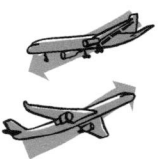

despegar / aterrizar

barrisuu / qubachuu

la ciudad

magaalaa gudaa

el pueblo

araddaa

el centro de la ciudad

handhuura magaalaa

la casa

mana

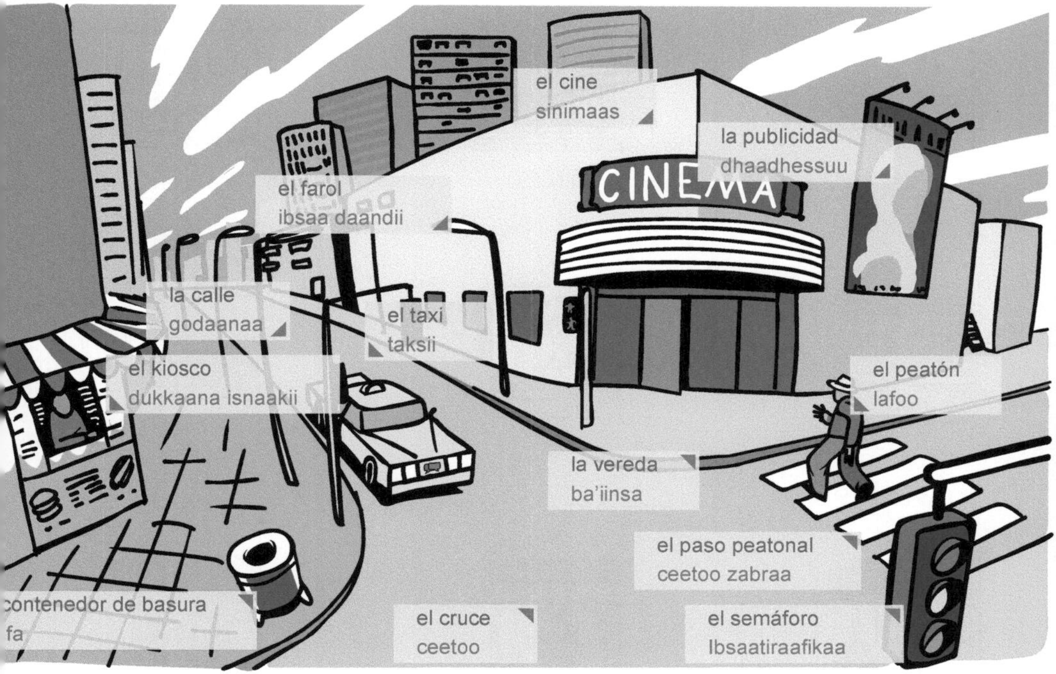

el cine
sinimaas

la publicidad
dhaadhessuu

el farol
ibsaa daandii

CINEMA

la calle
godaanaa

el taxi
taksii

el kiosco
dukkaana isnaakii

el peatón
lafoo

la vereda
ba'iinsa

el paso peatonal
ceetoo zabraa

contenedor de basura
fa

el cruce
ceetoo

el semáforo
Ibsaatiraafikaa

la cabaña

godoo

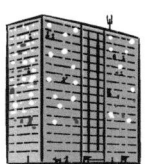

el departamento

diriiraa

la estación de tren

buufata baburaa

la municipalidad

galma magaalaa

el museo

muuziyeemii

el colegio

baruumsaa

la universidad

yuunivarstii

el banco

baankii

el hospital

hospitaala

el hotel

hoteela

la farmacia

mana qorichaa

la oficina

waajjira

la librería

dukkana kitaabaa

el negocio

dukkaana

la florería

gurgurtuu abaabo

el supermercado

suppar maarkeetii

el mercado

gabaa

las grandes tiendas

kuusaa dame

la pescadería

kiyyeessituu qurxxummii

el centro comercial

giddu gala gabaa

el puerto

buufata galaanaa

la ciudad - magaalaa gudaa

el parque

paarkii

el banco

tessoo dalgee

el puente

riqica

las escaleras

sibsaabii

el subte

Lafa jala

el túnel

holqa

la parada del colectivo

buufata konkolaataa

el bar

baarii

el restaurante

mana nyaataa

el buzón

saanduqa poostaa

el letrero

mallattoodaandii

el parquímetro

idoo dhaabbii konkolaataa

el zoológico

dallaa beeladaa

la pileta

haroo daakkaa

la mezquita

masgiida

la granja
qonna

la contaminación
faalama

el cementerio
iddoo awwaalchaa

la iglesia
charchii

los juegos infantiles
dirree taphaa

el templo
siidaa

el paisaje
teechuma lafaa

la hoja
baala

el poste indicador
maxxansa beeksiisaa

el camino
karaa

la pradera
huruufa magariisa

la piedra
dhakaa

el árbol
muka

el excursionista
nama lafoo deemu

el río
laga

la hierba
mrga

la flor
abaaboo

el valle

sulula

la montaña

tabba

el lago

hara

el bosque

bosona

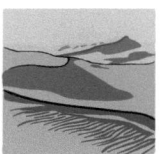

el desierto

gammoojjii oo;aa

el volcán

dhooyinsalafaa

el castillo

masaraa

el arco iris

sabbata waaqqaa

el champiñón

jaarsa marqoo

la palmera

muka teemiraa

el mosquito

bookee busaa

la mosca

balali'uu

la hormiga

mixii

la abeja

kanniisa

la araña

sarariitii

el escarabajo

boombii

la rana

hurrii

la ardilla

shikookkoo

el erizo

xaddee

la liebre

beelada illeentii fakkaatu

la lechuza

jajuu

el pájaro

simbira

el cisne

daakkiyyee

el jabalí

ifaannaa

el ciervo

godaa

el alce

godaa ameerikaatti argamu

la presa

riqicha

el aerogenerador

tarbaayinii buubbee

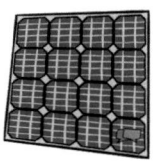

el panel solar

panaalii soolaarii

el clima

haala qilleensaa

el restaurante
mana nyaataa

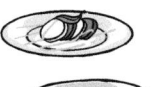

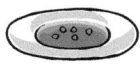

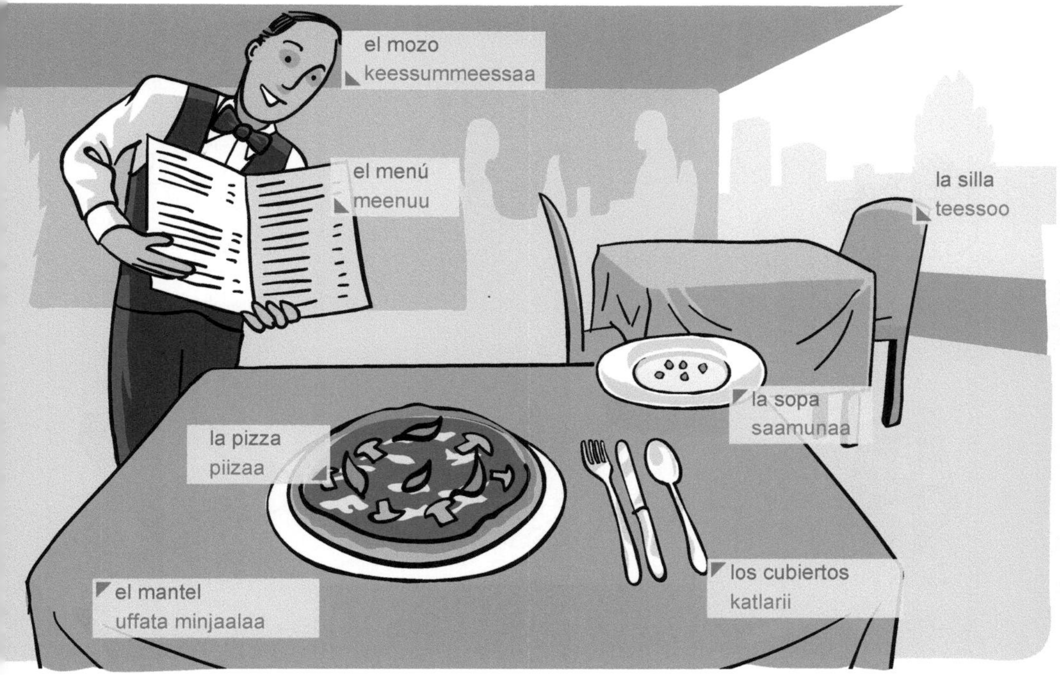
el mozo
keessummeessaa
el menú
meenuu
la silla
teessoo
la sopa
saamunaa
la pizza
piizaa
los cubiertos
katlarii
el mantel
uffata minjaalaa

la entrada
calqabsiisaa

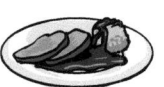

el plato principal
madda muummee

el postre
deezaartii

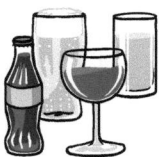

las bebidas
dhugaatii

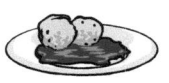

la comida
nyaata

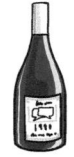

la botella
qaruuraa

la comida rápida

nyaata qophaa'aa

la comida callejera

nyaata karaa irraa

la tetera

markajii shaayii

la azucarera

qodaa shukkaaraa

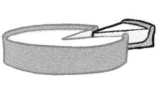

la porción

uwwisa

la cafetera expreso

maashina espereessoo

la sillita alta

teessoo ol ka'aa

la cuenta

nagahee

la bandeja

tirii

el cuchillo

hlbee

el tenedor

shuukkaa

la cuchara

fal'aana

la cucharita

fal'aana shaayii

la servilleta

uffrata minjaala nyaataa

el vaso

burcuqqoo

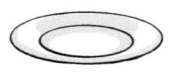

el plato

diiriiraa

el plato hondo

teessoo saamunaa

el plato

teessoo siinii

la salsa

sugoo

el salero

qodaa sooqiddaa

el molinillo de pimienta

daaktuu barbaree

el vinagre

hadhooftuu

el aceite

zayita

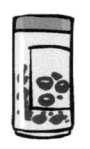

las especias

qimamii

el kétchup

kachappii

la mostaza

sanaafica

la mayonesa

maaynoneezii

el supermercado
suppar maarkeetii

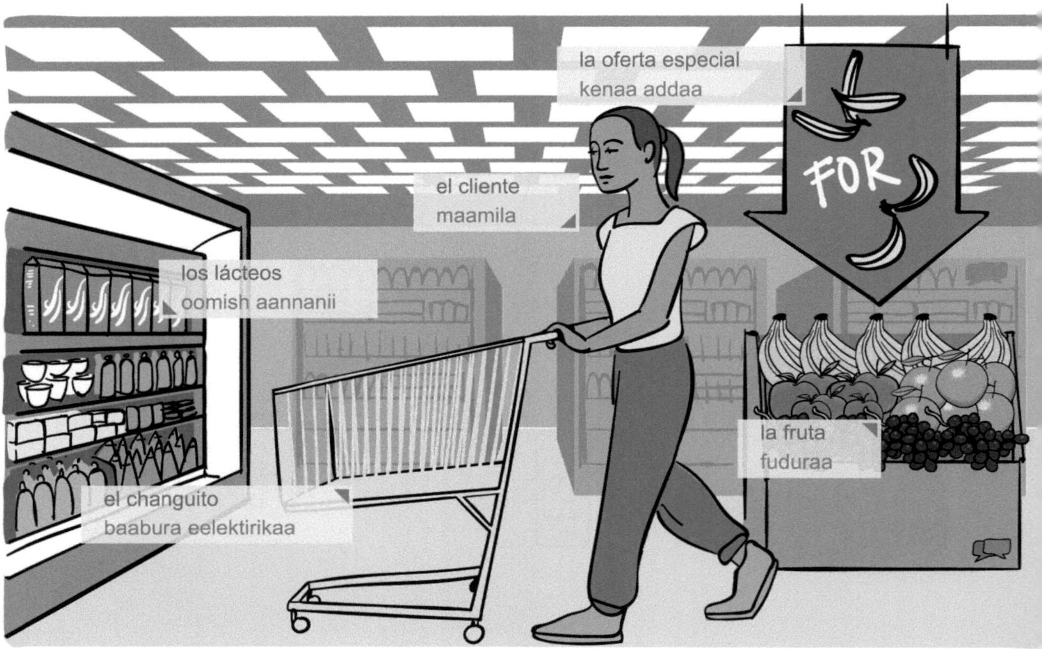

la oferta especial
kenaa addaa
el cliente
maamila
los lácteos
oomish aannanii
la fruta
fuduraa
el changuito
baabura eelektirikaa
FOR

BUTCHERS

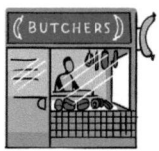

la carnicería

mana foonii

BAKERY

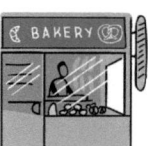

la panadería

tolchituu

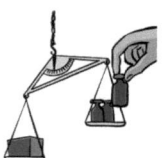

pesar

ulfaatina safaruu

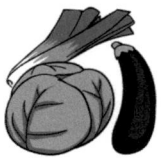

las verduras

kuduraa

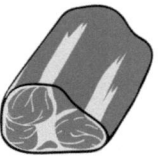

la carne

foon

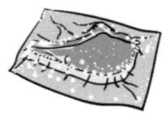

los alimentos congelados

nyaataqorraa

los fiambres

foon qorraa

los alimentos enlatados

nyaata samsmaa

el detergente en polvo

oomoo

las golosinas

mi'aawaa

los electrodomésticos

oomisha meeshaa manaa

los productos de limpieza

bu'aa qulqulleessuu

la vendedora

nama gurgurtaa

la caja

hanga

el cajero

qarshi qabduu

la lista de compras

taree gabaa

el horario de atención

sa'aatii baniinsaas

la billetera

krojoo qarshii kan dhiiraa

la tarjeta de crédito

kireedit kaardii

la cartera

korojoo

la bolsa de plástico

korojoo pilaastikaa

el agua

bishaan

el jugo

cuunfaa

la leche

aannani

la bebida cola

kookii

el vino

wayinii

la cerveza

biiraa

el alcohol

alkoolii

el cacao

kookaa

el té

shaayii

el café

buna

el café expreso

espereesso

el cappuccino

kaappuchuunoo

la banana

muuzii

la manzana

aappilii

la naranja

burtukaana

el melón

meeloonii

el limón

loomii

la zanahoria

kaarotii

el ajo

qullubbii adii

el bambú

leemmana

la cebolla

qullubbii

el champiñón

jaarsa marqoo

las nueces

godoo

los fideos

gowwaa

los tallarines

ispaageetii

el arroz

ruuza

la ensalada

salaaxaa

las papas fritas

chiipsii

las papas fritas

moose affeelamaa

la pizza

piizaa

la hamburguesa

hmbargarii

el sándwich

saanduchii

el churrasco

kotaleetii

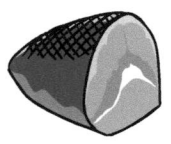

el jamón

foon booyyee kan luka
fuuiduraa

el salame

nyaata mi'eessituu fi
sooggiddan sukkummame

la salchicha

sausage

el pollo

lukuu

el asado

waaddii

el pescado

qurxummii

los copos de avena

bulluqa aajjaa

el muesli

masliis

los copos de maíz

fandishaa

la harina

daakuu

la medialuna

kiroosantii

el pancito

daabboo-

el pan

daabboo

la tostada

dabboo oo'aa

las galletitas

buskuuta

la manteca

dhadhaa

la cuajada

itittuu

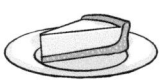

la torta

keekii

el huevo

buuphaa

el huevo frito

buuphaa affeelamaa

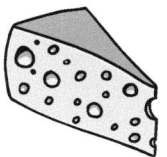

el queso

ayibii

el helado

aays kireemii

el azúcar

shukkaara

la miel

damma

la mermelada

marmaalaataa

la pasta de chocolate

chokkoleetii bittinnaa'aa

el curry

kuurii

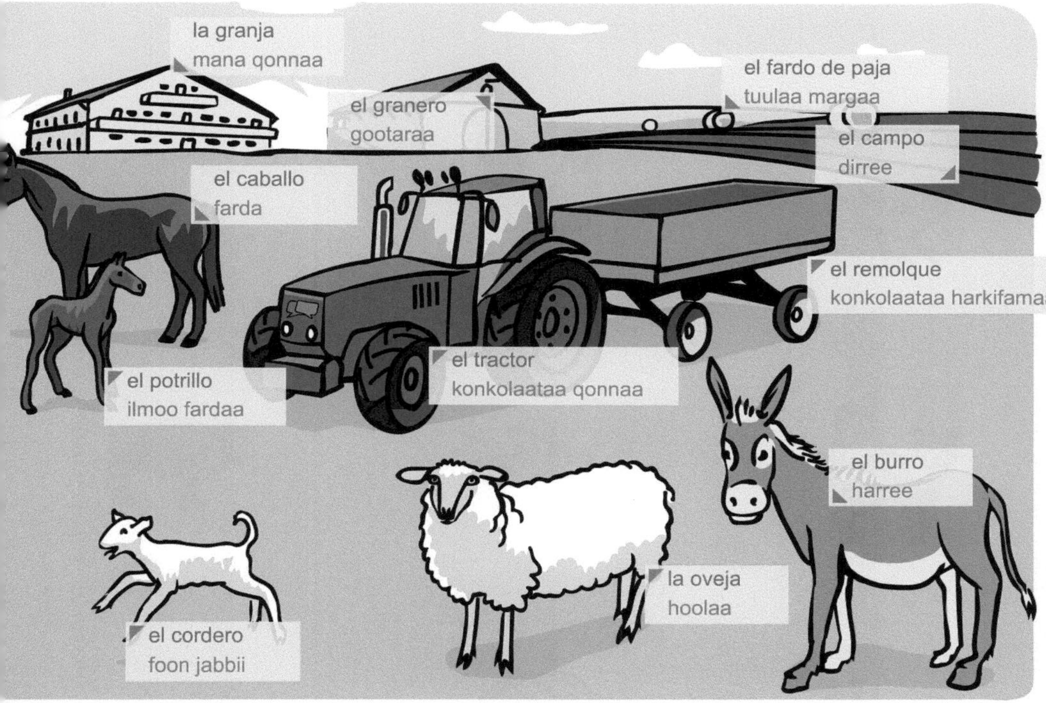

la granja
mana qonnaa

el granero
gootaraa

el fardo de paja
tuulaa margaa

el campo
dirree

el caballo
farda

el remolque
konkolaataa harkifamaa

el potrillo
ilmoo fardaa

el tractor
konkolaataa qonnaa

el burro
harree

el cordero
foon jabbii

la oveja
hoolaa

la cabra

ra'ee

la vaca

sa'a

el ternero

jabbilee

el cerdo

booyyee

el lechón

ilmoo booyyee

el toro

korma

el ganso

ziyyee

el pato

daakkiyyee

el pollo

lukkuu

la gallina

lukkuu haadhoo

el gallo

lukkuu kormaa

la rata

hantuuta

el gato

adurree

el ratón

hantuuta goodaa

el buey

qotiyyoo

el perro

saree

la cucha

mana saree

la manguera

ujjummoo oddoo

la regadera

kan ittin bishaan obaasan

la guadaña

haamtuu dheeraa

el arado

qotuu

la hoz

haamtuu

la azada

gasoo

la horquilla

manshii

el hacha

qotoo

la carretilla

gaarii goommaa

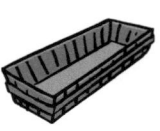

el abrevadero

suluula

la lechera

meeshaa aannanii

la bolsa

keeshaa

la reja

dallaa

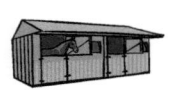

el establo

tasgabbii

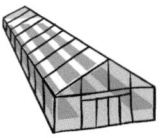

el invernadero

mana biqiltuu

el suelo

biyyee

la semilla

sanyii

el fertilizador

dachee gabbistuu

la cosechadora

kmbaayinara haamaa

la granja - qonna

cosechar

haamuu

la cosecha

haamuu

las batatas

biqiltuu hundeen isaa
nyaatamu

el trigo

qamadii

la soja

sooy

la papa

moose

el maíz

boqqoolloo

la semilla de colza

raappii siidii

el árbol frutal

muka fudraa

la mandioca

kzaavaa

los cereales

midhaan biilaa

la casa
mana

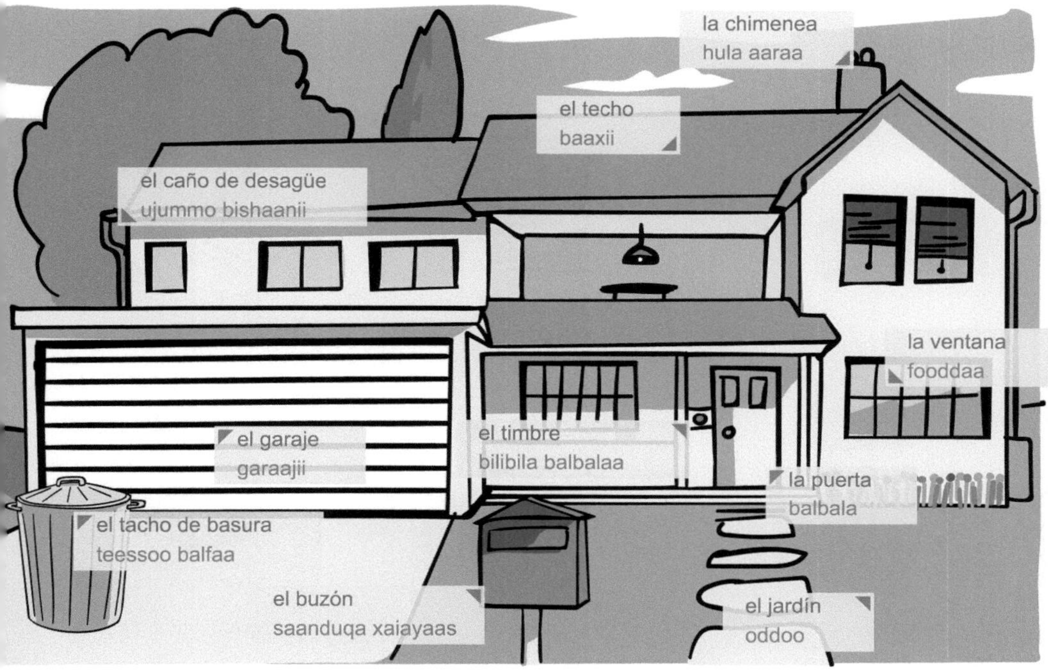

la chimenea
hula aaraa
el techo
baaxii
el caño de desagüe
ujummo bishaanii
la ventana
fooddaa
el garaje
garaajii
el timbre
bilibila balbalaa
la puerta
balbala
el tacho de basura
teessoo balfaa
el buzón
saanduqa xaiayaas
el jardín
oddoo

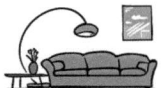

el living

kutaa jireenyaa

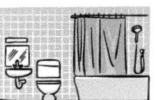

el baño

kutaa dhiqannaa

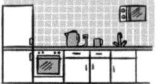

la cocina

mana bilcheessaa

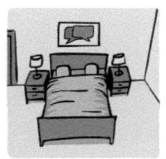

el dormitorio

kutaa ciisichaa

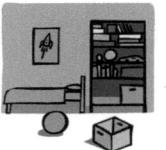

el cuarto de los chicos

kutaa ijoollee

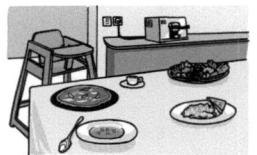

el comedor

kutaa nyaataa

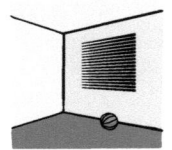

el piso

lafa

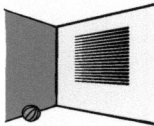

la pared

ededaa

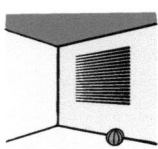

el cielorraso

baaxii

el sótano

seelaarii

el sauna

saawunaa

el balcón

baankoonii

la terraza

madaba

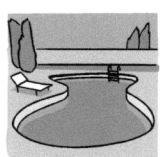

la pileta

puulii

la cortadora de pasto

konkoolaataa haamaa

la sábana

ansoolaa

el acolchado

uffata siree

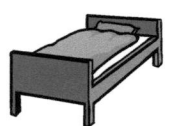

la cama

siree

la escoba

hartuu

el balde

baaldii

el interruptor

cufuu

el living

kutaa jireenyaa

el empapelado
wolpeepparii
la imagen
fakkii
la lámpara
foon hoolaa
el estante
masalangaa
el armario
kaappi boordiis
la televisión
tlevisziinii
la chimenea
midijjaa
la flor
abaaboo
el almohadón
boraatiii
el sofá
soofaa
el florero
tessoo abaaboo
el control remoto
too'attuu halaalaa

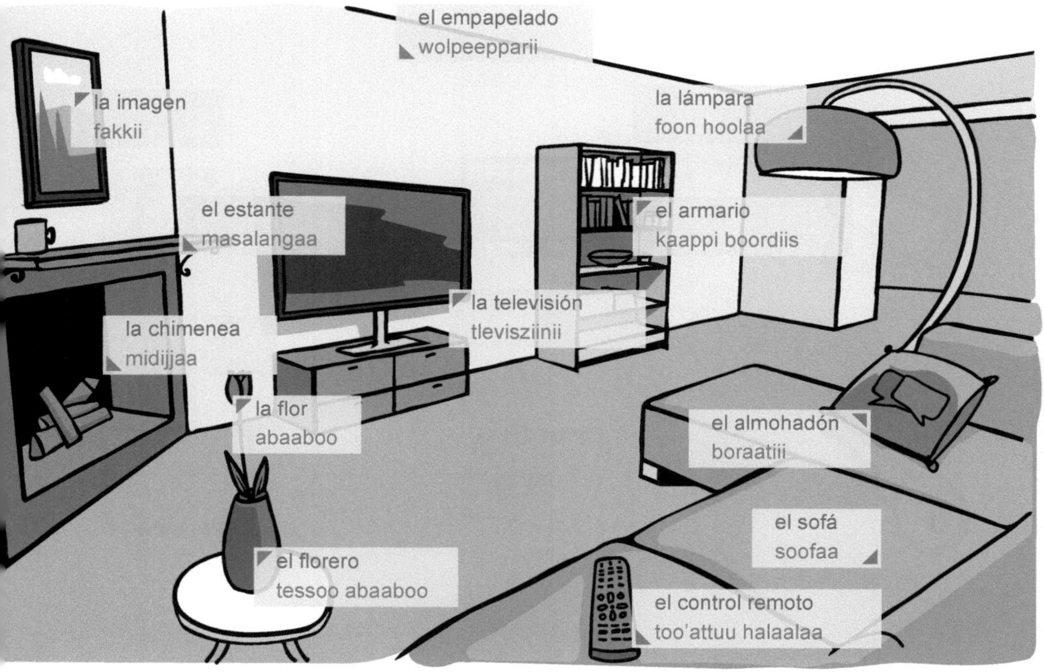

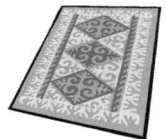

la alfombra

afata

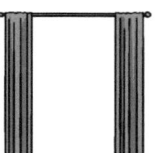

la cortina

golgaa

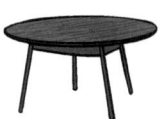

la mesa

minjaala

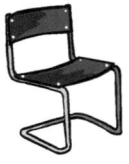

la silla

teessoo

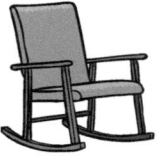

la mecedora

teessoo rarra'aa

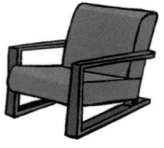

el sillón

teesoo ciqilffannaa

el libro

kitaaba

la frazada

uffata qorraa

la decoración

midhagina

la leña

muka qoraanii

la película

fiilmii

el equipo de música

meeshaa

la llave

furtuu

el diario

gaazexaa

la pintura

dibuu

el póster

barjaa

la radio

reedyoonii

el cuaderno

daftara yaadanoo

la aspiradora

meeshaa eeleektirikaa afata qulqulleessu

el cactus

laaftoo

la vela

dungoo

la cocina
mana bilcheessaa

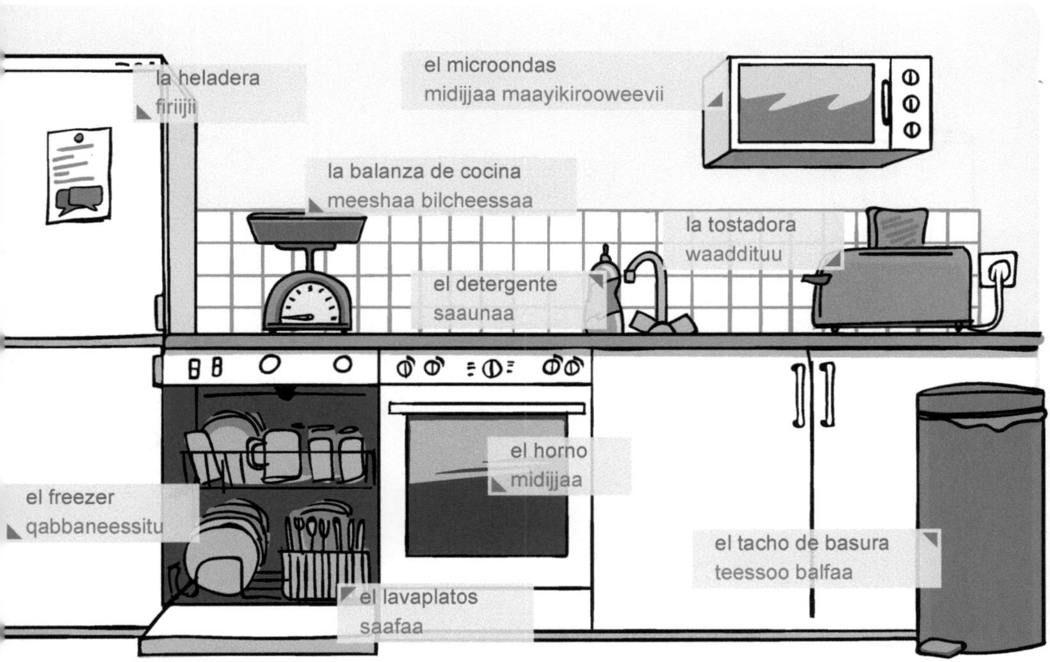

la heladera
firiijii
el microondas
midijjaa maayikirooweevii
la balanza de cocina
meeshaa bilcheessaa
la tostadora
waaddituu
el detergente
saaunaa
el horno
midijjaa
el freezer
qabbaneessitu
el tacho de basura
teessoo balfaa
el lavaplatos
saafaa

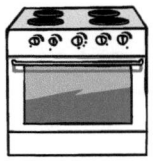

la cocina

bilcheesssituu

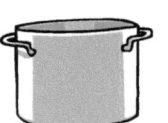

la olla

okkotee

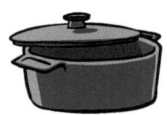

la olla de hierro fundido

cast-iron pot

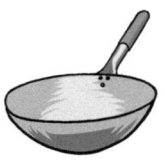

el wok

sataatee

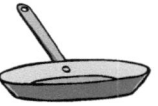

la sartén

waaddituu

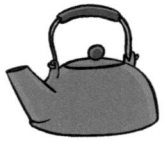

la pava

markajii

la vaporera

jabala humna urkaa

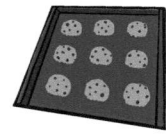

la bandeja de horno

tirii bilcheessaa

la vajilla

bantuu qaruuraa

la taza

geeba

el bol

sayinaa

los palitos

dibata hidhii

el cucharón

cilfaa

la espátula

shuukkaa

la batidora

areeda aduurree

el colador

dhimbiibduu

el colador

gingilchaa

el rallador

meeshaa farfartuu

el mortero

mooyyee

la parrilla

waadii abiddaa

la fogata

midijjaa

la tabla de picar

maktafiyaa

el palo de amasar

martuu

el sacacorchos

bantuu qaruuraa

la lata

danda'uu

el abrelatas

banuu danda'uu

la manopla

teesoo okkotee

la pileta

lixuu

el cepillo

buruushii

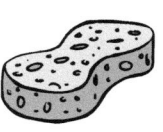

la esponja

ispoonjii

la batidora

meeshaa waliin makaa

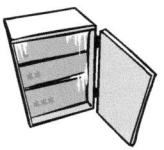

el congelador

qabbaneessaa guddaa

la mamadera

xuuxxoo

la canilla

ujjuummoo

la cocina - mana bilcheessaa

el baño

kutaa dhiqannaa

la calefacción
oo'istuu
la ducha
shhworii
la toalla
baaldii
la cortina de la ducha
golgaa shaaworii
el baño de espuma
daakaa bashannanaa
la bañadera
gabatee dhiqannaa
el vaso
burcuqqoo
el lavarropas
maashina miiccaas
la canilla
ujjuummoo
las baldosas
billookkeetti
la pelela
waan xiqqoo
la pileta
lixuu

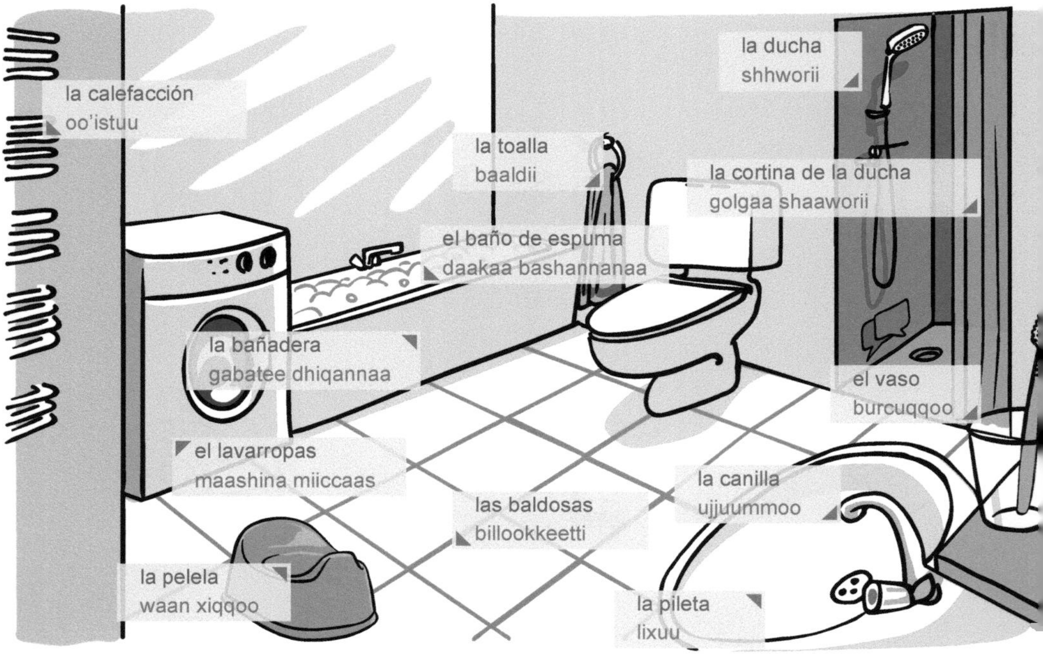

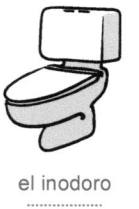

el inodoro

mana fincaanii

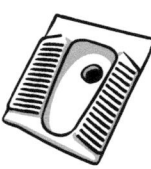

la letrina

mana fincaanii taa'e

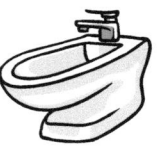

el bidé

saafaa

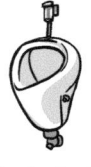

el mingitorio

sahiinaa mana fincaanii

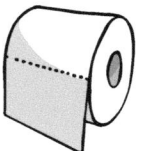

el papel higiénico

sooftii

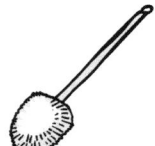

el cepillo para el inodoro

burusha mana fincaanii

el cepillo de dientes

buruushii ilkaanii

el dentífrico

saamunaa ilkaanii

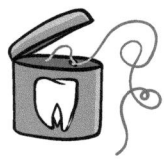

el hilo dental

soqxuu ilkaanii

lavar

dhiquu

la ducha de mano

qaama dhiqannaa aadaa

la ducha higiénica

kan dach

la palangana

sulula

el cepillo para la espalda

mana dhiqataa

el jabón

saamunaa

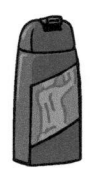

el gel de ducha

ibata dhiqannaa boodaa

el shampoo

shaampuu

la toallita

jejuu

el desagüe

gogsuu

la crema

kireemii

el desodorante

dodoraantii

el baño - kutaa dhiqannaa

el espejo

daawitii

el espejito

daawitii hrkaa

la maquinita de afeitar

milaacii

la espuma de afeitar

dibata areedaas

el aftershave

diibata areedaa

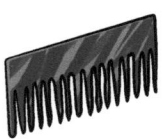

el peine

filaa

el cepillo

burusha

el secador de pelo

qoorsituu rifeensaa

el spray

hafuuftuu rifeensaa

el maquillaje

meekaappii

el lápiz de labios

lippistiikii

el esmalte para uñas

qeessa muculiksituu

el algodón

jirbii

la tijera para uñas

murtuu qeessa

el perfume

shittoo

el portacosméticos

korojoo dhiqannaa

la banqueta

gatteechuma

la balanza

iskeelii ulfaatinaa

la bata

uffata dhiqannaa

los guantes de goma

guwaantii pilaastikaa

el tampón

moodesii

la toallita femenina

fooxaa qulquulinaa

el baño químico

keemikaala mana fincaanii

el cuarto de los chicos
kutaa ijoollee

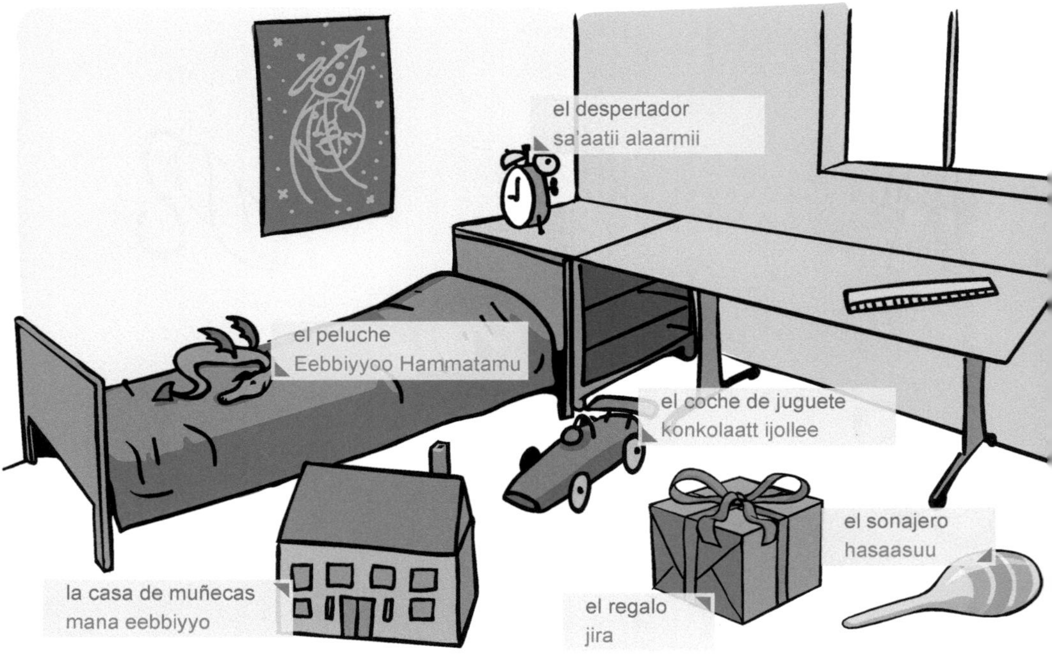

el despertador
sa'aatii alaarmii
el peluche
Eebbiyyoo Hammatamu
el coche de juguete
konkolaatt ijollee
el sonajero
hasaasuu
la casa de muñecas
mana eebbiyyo
el regalo
jira

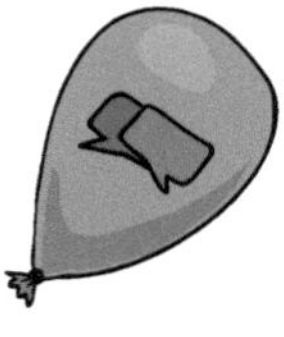

el globo

baaloonii

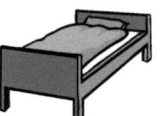

la cama

siree

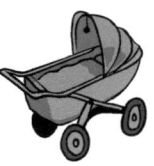

el cochecito

gaarii daa'imaa

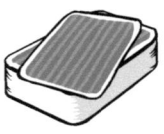

las cartas

Minjaala Kaardii

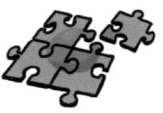

el rompecabezas

akaafaa

SUPER MEGA

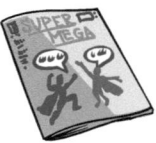

la historieta

kofalchiisaa

las piezas de lego
lego bricks

los ladrillos de juguete
dlookii ijaarsaa

la figura de acción
lakkofsa gochaa

el enterito (de bebé)
guddina daa'imaa

el frisbee
saahinaa taphaa

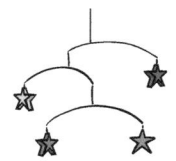

el móvil para bebés
mobaayilii

el juego de mesa
gabatee taphaa

los dados
kuubii lakk. 1-6 qabu

el tren eléctrico
teessuma leenji'aa modeelaa

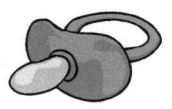

el chupete
fakkii

la fiesta
afeerrii

el libro de cuentos ilustrado
kitaaba fakii

la pelota
kubbaa

la muñeca
eebiyyoo

jugar
tapha

el arenero

boolla cirrachaa

la hamaca

hodhuu

los juguetes

eebbiyyoo

la consola de videojuegos

konsoli tapha viidyoo

el triciclo

marsaa sadii

el osito de peluche

eebiyyo hammatamtu

el armario

sanduqaa dhaabbii

la ropa

cuufinsa

las medias

kaalsii

las medias panty

istookingii

las calzas

taayitii

la bufanda
guftaa

el paraguas
dibaaboo

la remera
qomee

el cinturón
qabattoo

las botas
bidiruuwwan

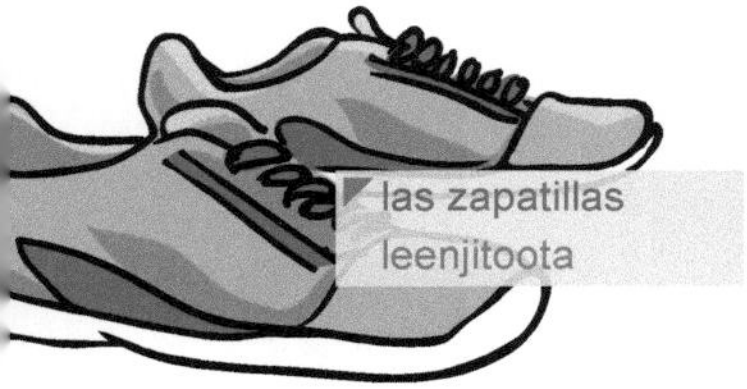

las pantuflas
slipparii

las zapatillas
leenjitoota

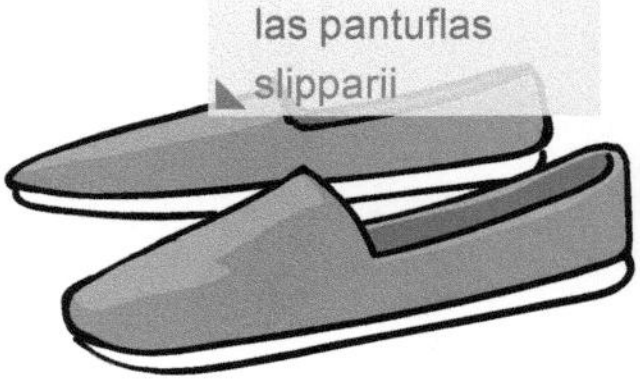

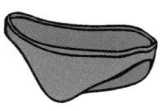

las sandalias

kophee banaa

los zapatos

kophee

las botas de goma

bidiruu pilaastikaa

la ropa interior

butaantaa

el corpiño

harmaa

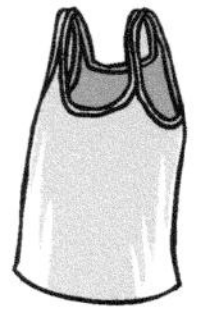

el chaleco

sadariyyaa

el body

qaama

los pantalones

kofoo dheeraa

los jeans

jiinsii

la pollera

dalgee

la blusa

shamiza

la camisa

shurraaba

el pulóver

shurraaba

el buzo

haaguuggii jaakkeettii

el blazer

yuunifoormii

la campera

jaakkeettii

el tapado

kootii

el piloto

kafana roobaa

el traje

barsuma

el vestido

wandaboo

el vestido de novia

kafana gaa'ilaa

el traje

kafana guutuu

el camisón

uffata halkanii

el pijama

bijaamaa

el sari

wandaboo hindii

el pañuelo para la cabeza

guftaa

el turbante

marata

la burka

burqaa

el caftán

jalabiyyaa

la abaya

abaya

el traje de baño

kafana daakkaa

el short de baño

mudhii

los shorts

kofoo gabaabaa

el jogging

kafanafgichaa

el delantal

appiroonii

los guantes

guwwaantii

el botón
....
furtuu

los anteojos
....
burcuqqoowwan

la pulsera
....
gumee

el collar
....
amartii

el anillo
....
qubeelaa

el aro
....
glii

la gorra
....
geeba

la percha
....
fanoo kootii

el sombrero
....
qoobii

la corbata
....
karbaata

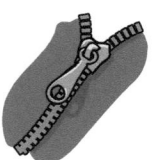

el cierre
....
ziippii

el casco
....
heelmeetii

los tiradores
....
collee

el uniforme escolar
....
uffata mana baruumsaa

el uniforme
....
yuunifoormii

el babero

kafana gorooraa

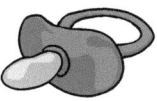

el chupete

fakkii

el pañal

naappii

la oficina
waajjira

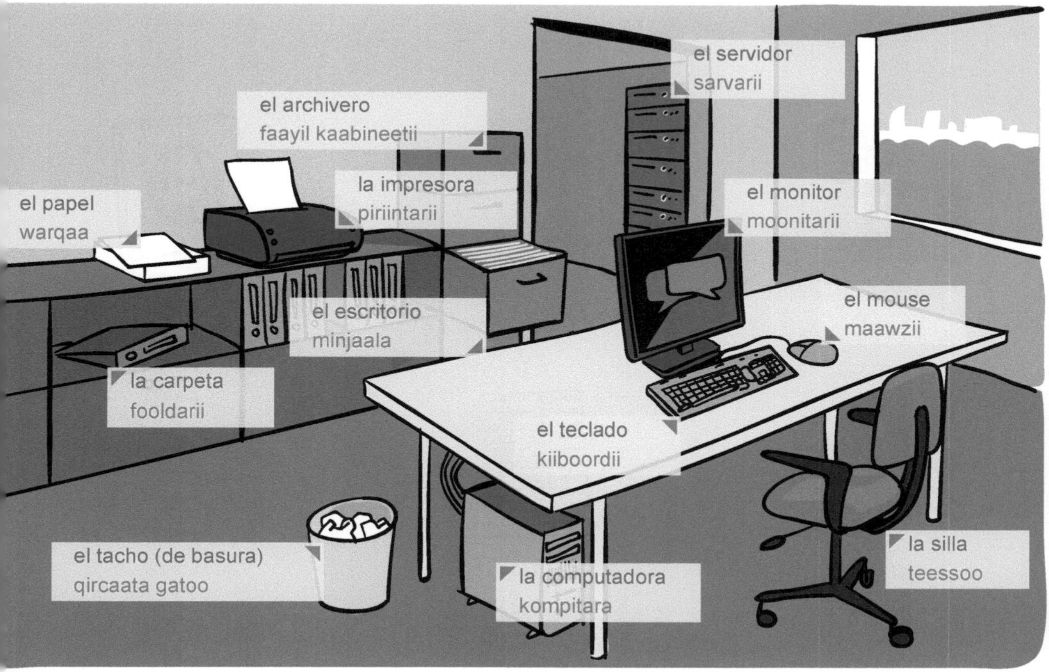

el servidor
sarvarii

el archivero
faayil kaabineetii

la impresora
piriintarii

el papel
warqaa

el monitor
moonitarii

el escritorio
minjaala

el mouse
maawzii

la carpeta
fooldarii

el teclado
kiiboordii

el tacho (de basura)
qircaata gatoo

la silla
teessoo

la computadora
kompitara

la taza de café

siinii bunaa

la calculadora

herregduu

el internet

intarneetii

la laptop

lab tooppii

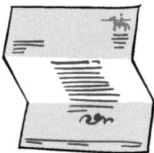

la carta

xalaya

el mensaje

ergaa

el celular

mobbyilii

la red

neetwoorkii

la fotocopiadora

maashina footokoppii

el software

sooft weerii

el teléfono

bilbila

el tomacorriente

sookkeetii suuqii

el fax

maashina faaksiis

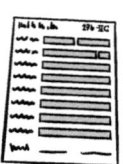

el formulario

uunkaa

el documento

dookimantii

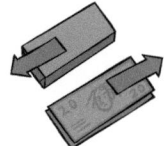

comprar

bituu

pagar

kafaluu

hacer negocios

daldaluu

el dinero

qarshii

el dólar

doolaara

el euro

yuroou

el yen

yen

el rublo

ruubilii

el franco suizo

Farankaa swwiz

el yuan

yuwaanii reenmiinbii

la rupia

ruuppee

el cajero automático

kaash pooyintii

la casa de cambio

biiroo de cheenjee

el oro

warqee

la plata

meeta

el petróleo

zayita

la energía

human

el precio

gatii

el contrato

koontiraata

el impuesto

taaksii

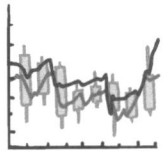

la acción

shaqaxa

trabajar

hojjechuu

el empleado

qacaramaa

el empleador

qacaraa

la fábrica

faabrikaas

el negocio

dukkaana

las ocupaciones
hojii

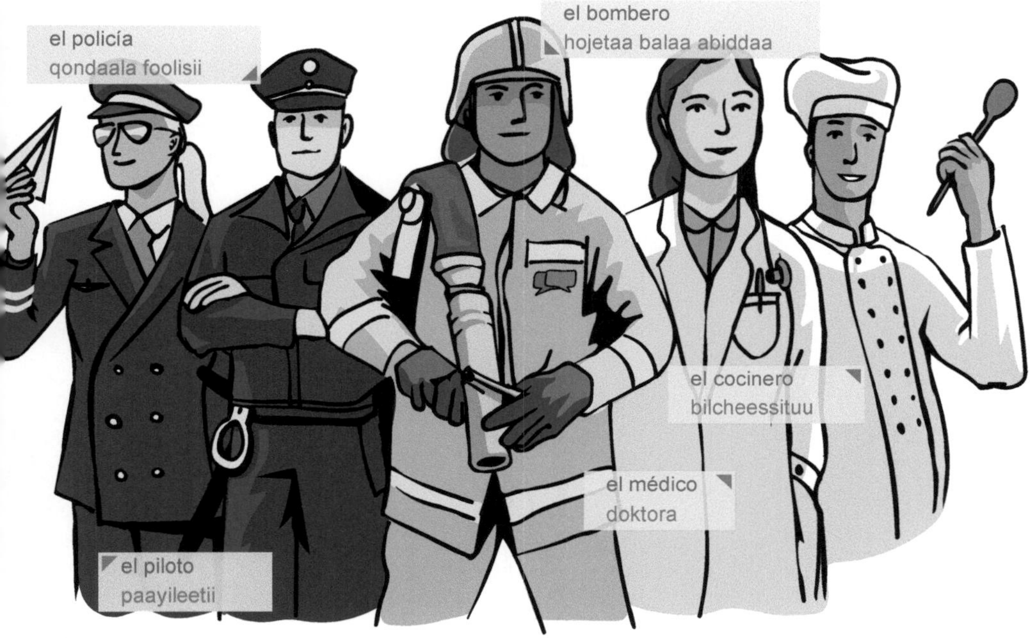

el policía
qondaala foolisii
el bombero
hojetaa balaa abiddaa
el cocinero
bilcheessituu
el médico
doktora
el piloto
paayileetii

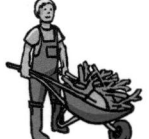

el jardinero

waardiyyaa

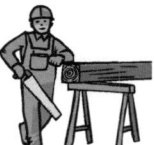

el carpintero

ogeessa mukaa

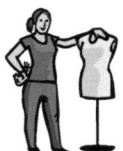

la modista

ooftuu jabalaa

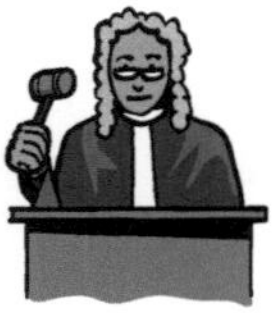

el juez

abbaa seeraa

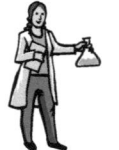

el farmacéutico

keemistii

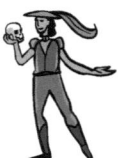

el actor

ta’aa

el colectivero

konkolaachisaa

el taxista

konkolaachisaataaksii

el pescador

qurxumii kiyyeessaa

la mucama

qulqulleessituu

el techista

hojetaa baaxii

el mozo

keessummeessaa

el cazador

adamisituus

el pintor

halluu dibduu

el panadero

tolchituu

el electricista

elektrishaana

el albañil

ijaaraa

el ingeniero

injinara

el carnicero

mana foonii

el plomero

hjjetaa ujummoo

el cartero

poostaa geessituu

el soldado

raayyaa

el arquitecto

arkteektii

el cajero

qarshi qabduu

el florista

abaaboo gurgurtuu

el peluquero

dabbasaa murtuu

el cobrador

kondaaktara

el mecánico

makaanika

el capitán

kaappiteenii

el dentista

hakiima ilkee

el científico

saayntiistii

el rabino

rabbi

el imán

imaama

el monje

moloskee

el sacerdote

luba

las herramientas
meeshaalee

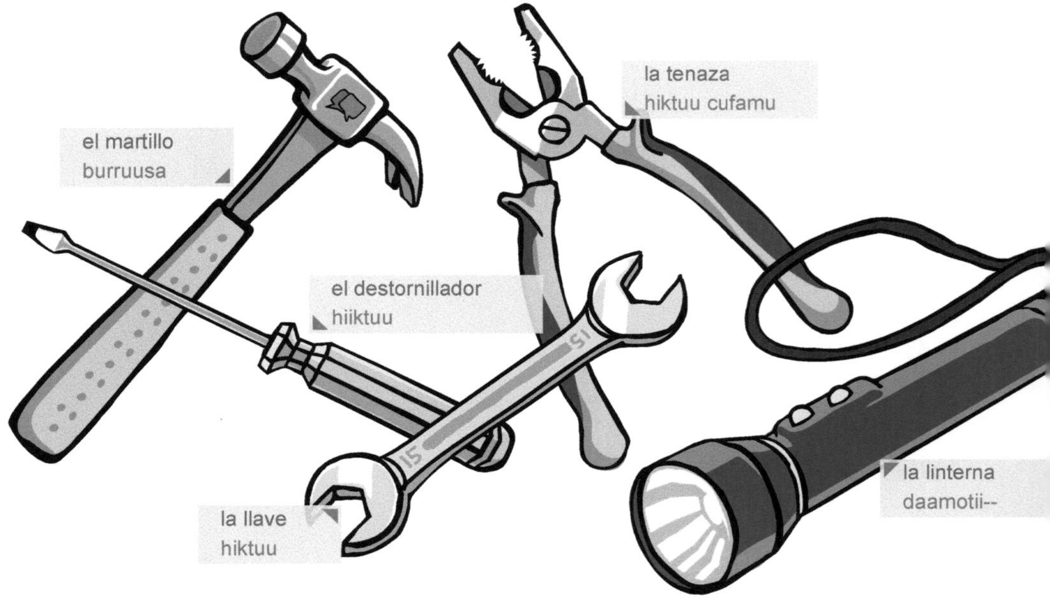
la tenaza
hiktuu cufamu
el martillo
burruusa
el destornillador
hiiktuu
la linterna
daamotii--
la llave
hiktuu

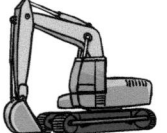

la excavadora

gasoo

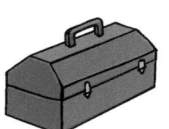

la caja de herramientas

saanduqa meeshhalee

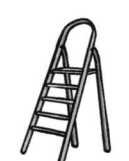

la escalera portátil

kortoo

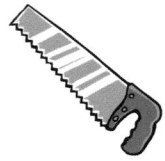

la sierra

magaazii

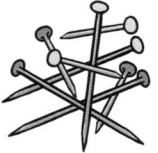

los clavos

bismaara

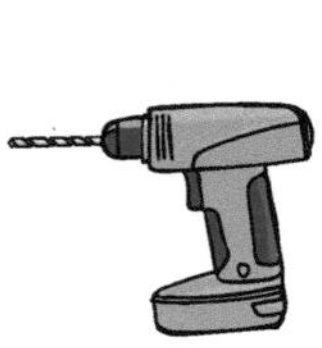

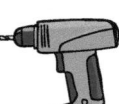

el taladro

diriilii

arreglar

suphuu

la pala de jardín

akaafaa

¡Qué bronca!

dhaabi

la pala de plástico

gataa balfaa

el tacho de pintura

qodaa haalluu

los tornillos

hiktuu

los instrumentos musicales
meeshaalee muuziqaa

la batería
teessoo dibbee

el parlante
sagalee guddistuu

la guitarra
gitaara

el contrabajo
sagalee baay'ee xiqqaa

la trompeta
tiraampeetii

el piano

piyaanoo

el violín

vaayoolinii

el bajo

sagalee xiqqaa

los timbales

timpaanii

el tambor

dibbee

el teclado

kiiboordii

el saxofón

saaksi foona

la flauta

ulullee

el micrófono

may craafoona

el zoológico

dallaa beeladaa

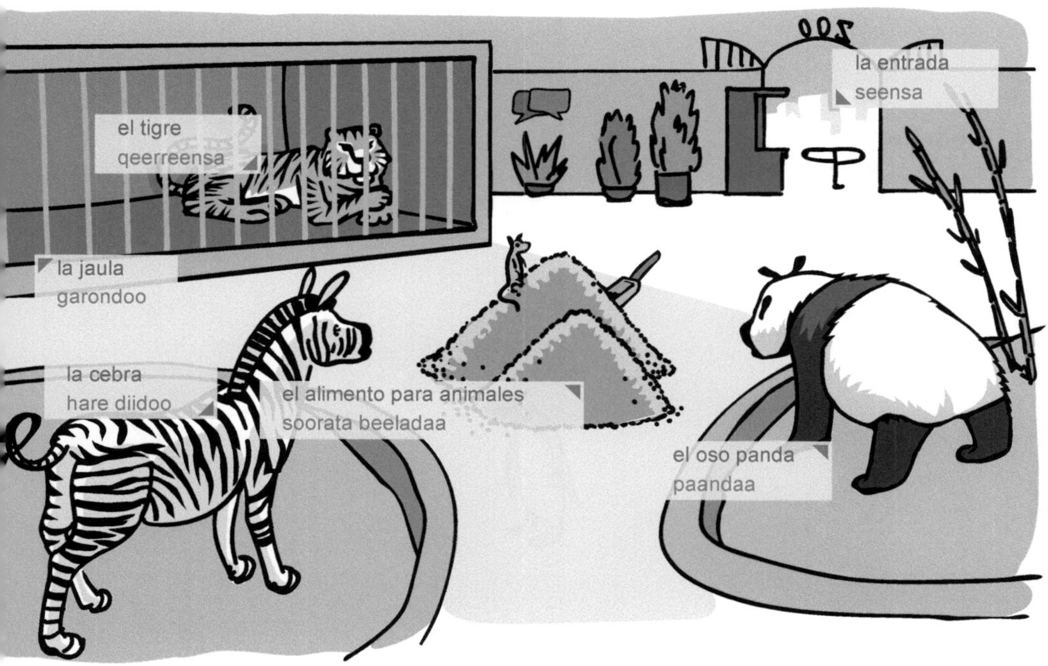
la entrada
seensa
el tigre
qeerreensa
la jaula
garondoo
la cebra
hare diidoo
el alimento para animales
soorata beeladaa
el oso panda
paandaa

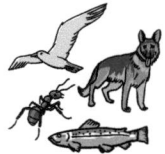

los animales

beeladoota

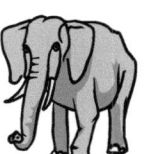

el elefante

arba

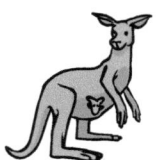

el canguro

kaangaaroo

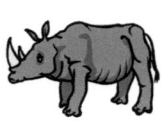

el rinoceronte

warseesa

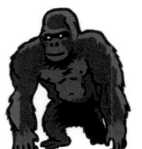

el gorila

jaldeessa guddaa

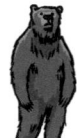

el oso

godaa

el camello

gala

el avestruz

guchii

el león

leenca

el mono

jaldeessa

el flamenco

fiilaamingoo

el loro

simbira dubbattu

el oso polar

diibii poolarii

el pingüino

peengyuunii

el tiburón

shaarkii

el pavo real

piikookii

la serpiente

bofa

el cocodrilo

qocaa

el cuidador del zoológico

eegaa zoo

la foca

chaappaa

el jaguar

sanyii qeerensaa

el poni

farda gabaabduu

el leopardo

sanyii qeerrensaa

el hipopótamo

roobii

la jirafa

sattaawwaa

el águila

culullee

el jabalí

ifaannaa

el pescado

qurxummii

la tortuga

qocaa galaanaa

la morsa

beelada bishaan keessaa

el zorro

sardiida

la gacela

godaa

el fútbol americano
kubbaa miilaa ameerikaa

el ciclismo
dargmmii bishkilileettaa

el tenis
teenisa

el básquet
kubba kaachoo

la natación
bishaan daakkaa

el boxeo
aboottoo

el hockey sobre hielo
sigigoo cabbie

el fútbol
kubbaa miilaa

el bádminton
baadmentanii

el atletismo
atileetii

el handball
kubba harkaa

el esquí
skiing

el polo
pooloo

reír
kolfa

saltar
utaalcha

abrazar
hammachuu

caminar
deemuu

cantar
sirbuu

soñar
abjuu

rezar
kadhannaa

besar
dhungoo

escribir	dibujar	mostrar
barreessuu	fakkii kaasuu	agrsiisuu

presionar	dar	tomar
dhiibuu	kennuu	fudhachuu

tener

qabaachuu

hacer

gochuu

ser

ta'uu

estar parado

dhaabbachuu

correr

kaachuu

tirar

harkisuu

tirar

darbachuu

caer

kufuu

estar acostado

soba

esperar

eeguu

llevar

baachuus

estar sentado

taa'uu

vestirse

uffachuu

dormir

rafuu

despertar

dammaquu

las actividades - sochii

mirar

ilaaluu

llorar

iyyuu

acariciar

dhiibbaa dhiigaa

peinar

filuu

hablar

haasa'uu

entender

hubachuu

preguntar

gaafachuu

escuchar

dhggeeffachuu

beber

dhuguu

comer

nyaachuu

ordenar

ol kaasuu

amar

jaalala

cocinar

bilcheessuus

manejar

oofuu

volar

barrisuu

navegar

jabalan

calcular

heerregii

leer

dubbisuu

aprender

baruumsa

trabajar

hojjechuu

casarse

fuudha

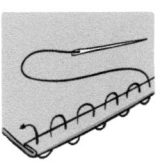

coser

hodhuu

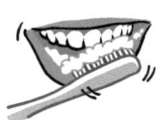

cepillarse los dientes

ilkaan rigachuu

matar

ajjeecha

fumar

xuuxuu

enviar

erguu

la familia
warra

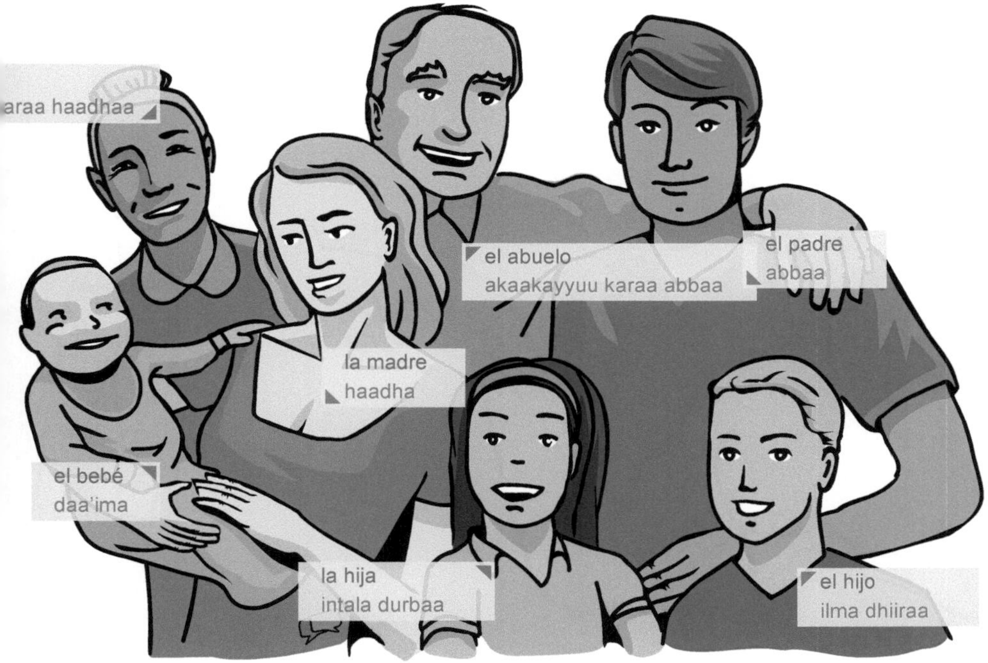
araa haadhaa
el abuelo
akaakayyuu karaa abbaa
el padre
abbaa
la madre
haadha
el bebé
daa'ima
la hija
intala durbaa
el hijo
ilma dhiiraa

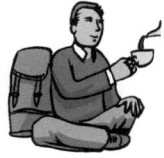

el invitado

keessummaas

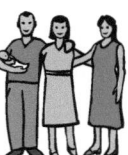

la tía

adaadaa

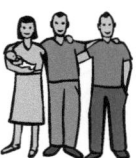

el tío

eessuma

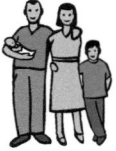

el hermano

obboleessa

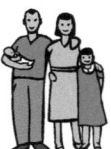

la hermana

obboleettii

el cuerpo

qaama

la frente
adda
el ojo
ija
el hombro
ceekuu
el dedo
quba
la cara
fuula
la pera
igicii
la mano
harka
la pierna
luka
el pecho
harma
el brazo
irree

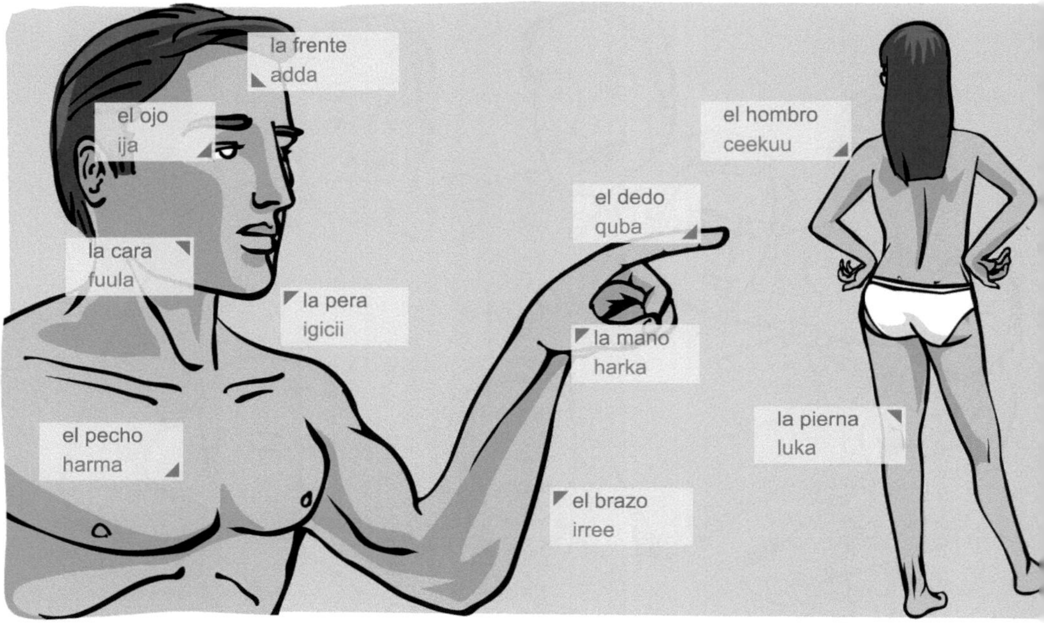

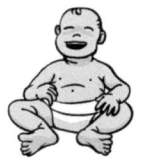

el bebé

daa’ima

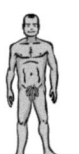

el hombre

nama

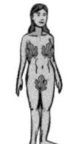

la mujer

dubartii

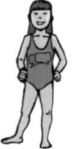

la nena

durba

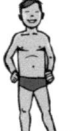

el nene

mucaa

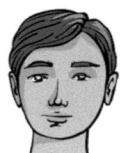

la cabeza

mataa

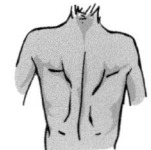

la espalda

duuba

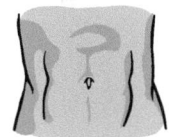

la panza

godhami

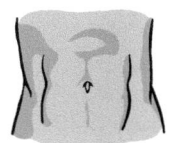

el ombligo

belly button

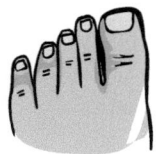

el dedo del pie

qubq miilaa

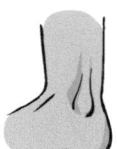

el talón

koomee

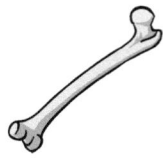

el hueso

lafee

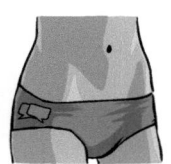

la cadera

dirra

la rodilla

jilba

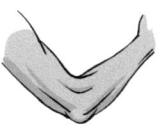

el codo

ciqilee

la nariz

fuunyaan

la cola

jala

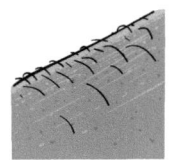

la piel

gogaa

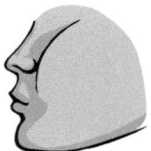

el cachete

boqoo

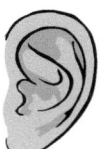

la oreja

gurra

el labio

hidhii

la boca

afaan

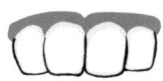

el diente

ilkee

la lengua

arraba

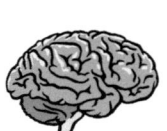

el cerebro

sammuu

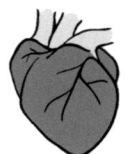

el corazón

onnee

el músculo

fon irree

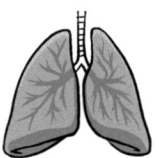

el pulmón

somba

el hígado

tiruu

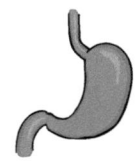

el estómago

garaacha

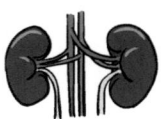

los riñones

kaleewwan

el sexo

wal qunnamitii saalaa

el preservativo

kondomii

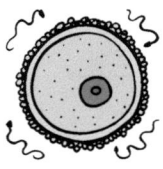

el óvulo

buphaa dubartii

el semen

mi'oo

el embarazo

ulfa

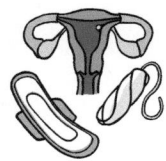

la menstruación

laguu ji'aa

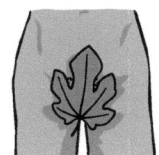

la vagina

buqushaa

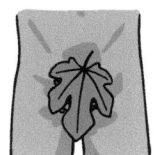

el pene

tuffee

la ceja

laboobbaa ijaa

el pelo

rifeensa

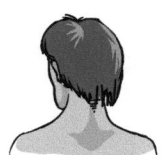

el cuello

morma

el hospital
hospitaala

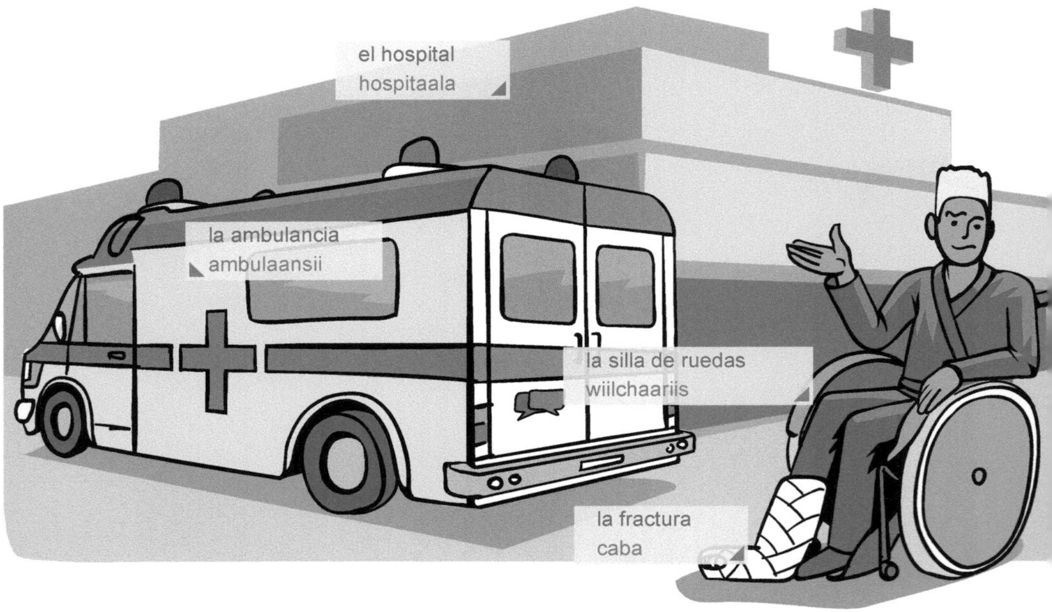

el hospital
hospitaala
la ambulancia
ambulaansii
la silla de ruedas
wiilchaariis
la fractura
caba

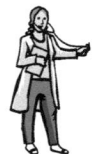

el médico

doktora

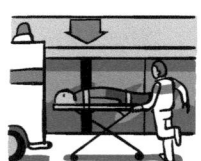

la sala de guardia

kutaa hatattamaa

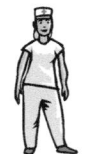

la enfermera

narsii

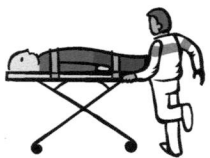

la emergencia

hatattama

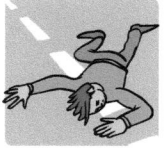

inconsciente

kan hin dammaqin

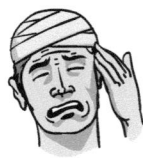

el dolor

dhukkubbii

la lesión

miidhhaa

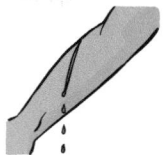

la hemorragia

dhiiguu

el infarto

dhukkuba onnee

el ACV

baay'ina dhiigaa

la alergia

hooqxoo

la tos

qufaa

la fiebre

oo'aa qaamaa

la gripe

qufaa

la diarrea

baasaa

el dolor de cabeza

bowoo mataa

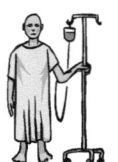

el cáncer

kaansarii

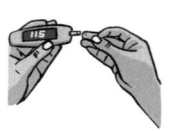

la diabetes

dhibee sukkaaraa

el cirujano

baqaqsanii hodhuu

el bisturí

halbee

la operación

hojii

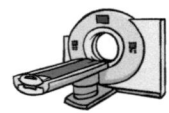

la TC

CT

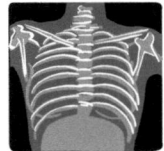

los rayos x

raajii

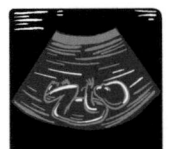

la ecografía

aaltraasaawandii

el barbijo

haguuggii fuuiaa

la enfermedad

dhukkuba

la sala de espera

kutaa haar galfii

la muleta

hirkannaa

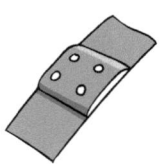

la curita

pilaastara

la venda

baandeejii

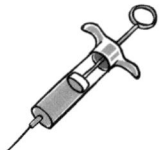

la inyección

limmoo waraanuu

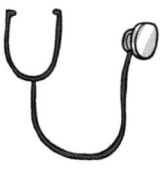

el estetoscopio

isteetskooppi

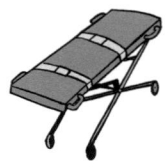

la camilla

siree dhukkubsataa

el termómetro

termoo meetira klinikaa

el nacimiento

dhaloota

el sobrepeso

ulfaatinaa ol

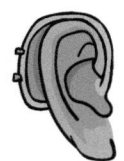

el audífono

gargaaraa dhageettii

el desinfectante

qoricha aramaa

la infección

miidhama keessaa

el virus

vaayirasa

el VIH / SIDA

ECH AAIVII / EEDSII

el remedio

qoricha

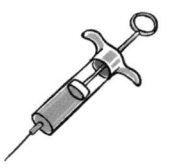

la vacunación

talaallii

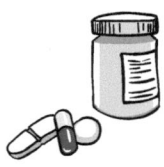

los comprimidos

kiniinii

la pastilla anticonceptiva

kiniinii

llamada de emergencia

waamicha hatattamaa

el tensiómetro

too'attuu dhiibbaa dhiigaa

enfermo / sano

dhukkuba / fayyaa

¡Ayuda!

gargaarsa!

la alarma

alaarmiis

la agresión

weerara

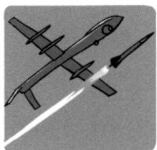

el ataque

miidhuu

el peligro

suukaneessaa

la salida de emergencia

baha hatattamaa

¡Fuego!

abidda

el matafuego

abidda dhaamisituu

el accidente

balaa

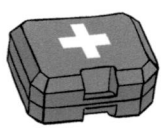

el botiquín de primeros
auxilios

saanduqa gargaasa
calqabaa

el SOS

Sii'oosii

la policía

foolisii

Europa

awurooppaa

América del Norte

ameerikaa kabaa

América del Sur

ameerikaa kibbaa

África

afrikaa

Asia

eesiyaa

Australia

awustraaliyaa

el Atlántico

atilaantik

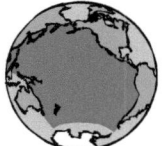

el Pacífico

paasfiik

el Océano Índico

galaana hindii

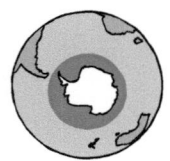

el Océano Antártico

galaana antaartikaa

el Océano Ártico

galaana arkitiik

el polo norte

polii kaabaa

el polo sur

polii kibbaa

la Antártida

antaartikaa

la Tierra

dachee

la tierra

dachee

el mar

garba

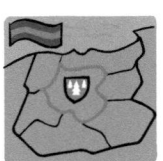

la isla

odola

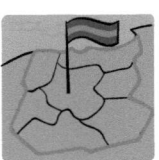

la nación

lammii

el estado

kutt biyyaa

la esfera

clock face

la manecilla de las horas

sa'aatii kana

el minutero

daqiiqaa kana

el segundero

moofaa

¿Qué hora es?

yeroon meeqa ta'ee?

el día

guyyaa

la hora

yeroo

ahora

amma

el reloj digital

sa'aatii diiskoo

el minuto

daqiiqaa

la hora

sa'aatii

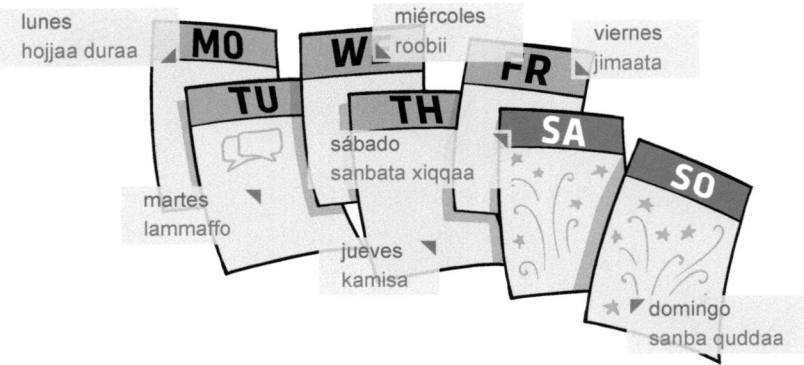

lunes
hojjaa duraa

miércoles
roobii

viernes
jimaata

martes
lammaffo

sábado
sanbata xiqqaa

jueves
kamisa

domingo
sanba quddaa

ayer

kaleessa

hoy

har'a

mañana

boru

la mañana

ganama

el mediodía

guyyaa qixxee

la tarde

galgala

los días hábiles

guyyaa hojii

el fin de semana

dhuma forbee

el año

waggaa

la lluvia
rooba
el arco iris
sabbata waaqqaa
la nieve
cabbii
el viento
bubbee
la primavera
birraa
el otoño
arfaasaa
el verano
bona
el invierno
ganna

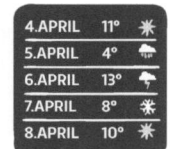

4.APRIL 11°
5.APRIL 4°
6.APRIL 13°
7.APRIL 8°
8.APRIL 10°

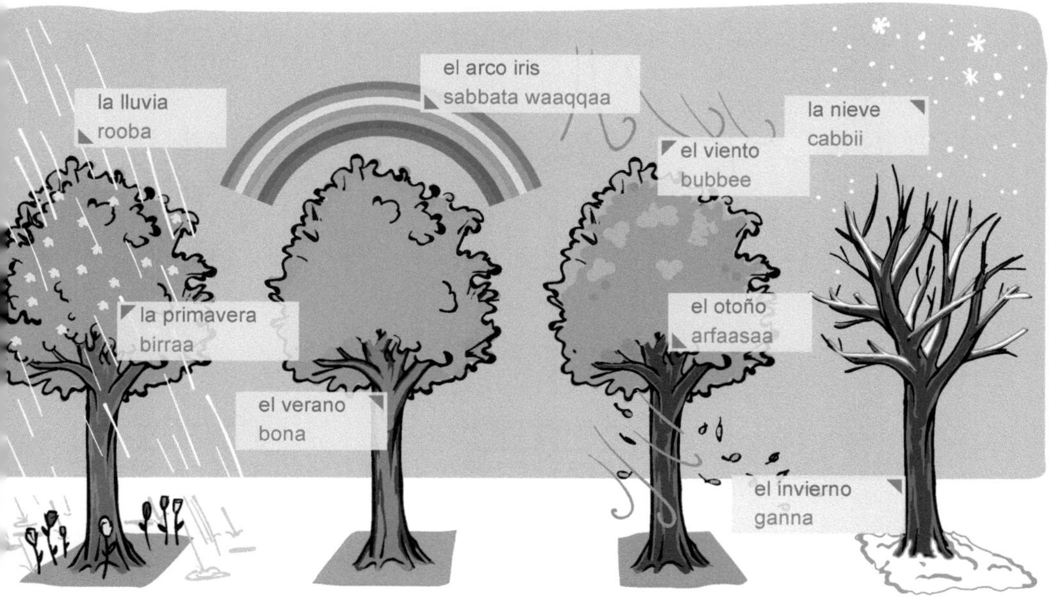

pronóstico meteorológico

raaga haala qileensaa

F C
120 40
90 30
60 20
30 10
0 0
-30 -10
-20

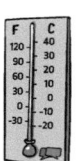

el termómetro

teermoomeetirii

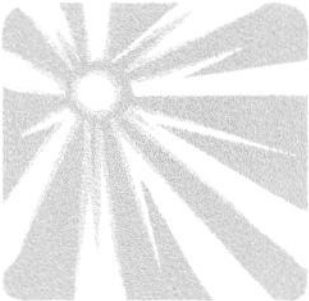

la luz del sol

baha aduu

la nube

duumessa

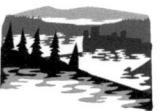

la niebla

hurii

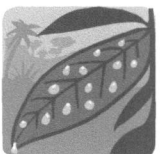

la humedad

jiidha

el rayo

bakakkaa

el trueno

balaqqee

la tormenta

dirrisa

el granizo

cabbii

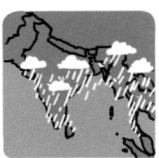

el monzón

monsoon

la inundación

lolaa

el hielo

cabbie

enero

Amajjii

febrero

Gurraandhala

marzo

Bitootessa

abril

Eebila

mayo

Caamsaa

junio

Waxabajji

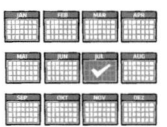

julio

Adooleessa

agosto

Hagayya

septiembre

Fulbaana

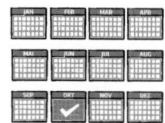

octubre

Onkololeessa

noviembre

Sadaasa

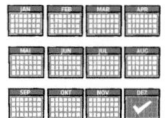

diciembre

Muddee

las formas
boca

el círculo

geengoo

el cuadrado

isqeerii

el rectángulo

rog arfee

el triángulo

rg sadee

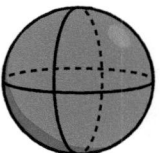

la esfera

molaalee

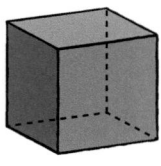

el cubo

kuubii

blanco

adii

amarillo

boora

naranja

keelloo

rosa

boorilee

rojo

diimaa

violeta

bunnii

azul

cuqliisa

verde

magariisa

marrón

magaala

gris

bulee

negro

gurraacha

mucho / poco

baay'ee / xiqqoo

enojado / tranquilo

aara / gammachuu

lindo / feo

bareeda / fokkuu

el principio / el fin

calqaba / xumuura

grande / chico

guddaa / xiqqaa

claro / oscuro

ifa / dukkana

el hermano / la hermana

obboleessa / obboleettii

limpio / sucio

qulqulluu / xurii

completo / incompleto

xumuuramaa / kan hin xumuuramin

el día / la noche

guyyaa / halkan

muerto / vivo

du'aa / jiraa

ancho / angosto

bal'aa / dhiphaa

comestible / no comestible

kan nyaatamu / kan hin nyaatamne

malo / amable

badd / gaarii

entusiasmado / aburrido

gammachuu / ifannaa

gordo / flaco

furdaa / qal'aa

primero / último

calqaba / dhuma

el amigo / el enemigo

michuu / diina

lleno / vacío

guutuu / duwwaa

duro / blando

sakoruu / lalllaafaa

pesado / liviano

ulfaataa / salphaa

el hambre / la sed

beeluu / dheebuu

enfermo / sano

dhukkuba / fayyaa

ilegal / legal

seer malee / seera qabeessa

inteligente / estúpido

gaanfuree / dabeessa

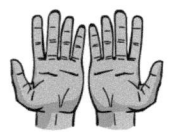

izquierda / derecha

bitaa / mirga

cerca / lejos

maddii / fagoo

nuevo / usado

haara'a / moofaa

nada / algo

homma / waan tokko

viejo / joven

jaarsa / dargaggeessa

encendido / apagado

ibsuu / dhaamsuu

abierto / cerrado

banuu / cufuu

silencioso / ruidoso

callisuu / sagalee olkaasuu

rico / pobre

sooressa / hiyyeessa

correcto / incorrecto

sirrii / dogongora

áspero / suave

sokorruu / lallaafaa

triste / contento

aara / gammachuu

corto / largo

dheeraa / gabaabaa

lento / rápido

qususaa / collee

mojado / seco

jiidhaa / goggogaa

caliente / frío

oo'aa / qorraa

guerra / paz

lola / nagaa

0

cero

duwwaa

1

uno

tokko

2

dos

lama

3

tres

sadis

4

cuatro

afur

5

cinco

shan

6

seis

jaha

7

siete

torba

8

ocho

saddeet

9

nueve

sagal

10

diez

kudhan

11

once

kudha tokko

12

doce

kudha lama

13

trece

kudha sadi

14

catorce

kudha afur

15

quince

kudha shan

16

dieciséis

kudha jaha

17

diecisiete

kudha torba

18

dieciocho

kudha saddeet

19

diecinueve

kudha sagal

20

veinte

diigdama

100

cien

dhibba

1.000

mil

kuma

1.000.000

el millón

maliyoona

el inglés

Ingiliffa

el inglés americano

Ingiliffa Ameerikaa

el chino mandarín

Mandarinii chaayinaa

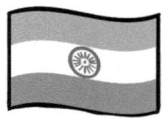

el hindi

Afaan Hindii

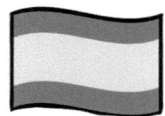

el español

Afaan Speen

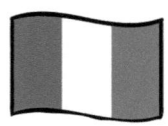

el francés

Afaan Faransaay

el árabe

Afaan Arabaa

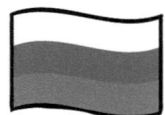

el ruso

Afaan Raashaa

el portugués

Afaan Poortugaal

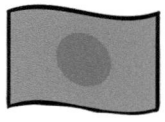

el bengalí

Afaan Beengaal

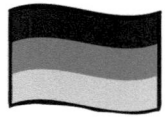

el alemán

Afaan Jarman

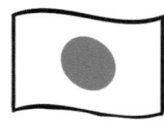

el japonés

Afaan Jaappaan

yo

ana

vos

si

él / ella

isa / ishii / isa / wantootaf

nosotros

nu'ii

ustedes

isin

ellos

isan

¿quién?

eenyuu?

¿qué?

maal?

¿cómo?

akkamitti

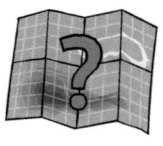

¿dónde?

eessa?

¿cuándo?

hoom?

el nombre

maqaa

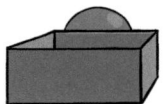

detrás

duuba

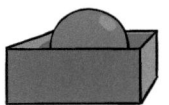

en

keessa

adelante de

fuldura

por encima de

irra

sobre

gubbaa

debajo de

jala

al lado de

maddii

entre

gidduu

el lugar

bakkee